L'IMPOT

SUR LA RENTE

DE PRÉFÉRENCE A

LA CONVERSION DU 5 P. 100

PAR

J. VERRINE

INGÉNIEUR

2e ÉDITION

Prix : 1 fr. 25.

PARIS

AUGUSTE GHIO, ÉDITEUR

PALAIS-ROYAL, 1, 3, 5 ET 7, GALERIE D'ORLÉANS

1880

Tous droits réservés.

L'IMPOT SUR LA RENTE

DE PRÉFÉRENCE A LA CONVERSION DU 5 P. 100

PAR

J. VERRINE

INGÉNIEUR

2e ÉDITION

Prix : 1 fr. 25.

PARIS

AUGUSTE GHIO, ÉDITEUR

PALAIS-ROYAL, 1, 3, 5 ET 7, GALERIE D'ORLÉANS

1880

L'IMPOT SUR LA RENTE

DE PRÉFÉRENCE A

LA CONVERSION DU 5 P. 100.

BUT DE LA PRÉSENTE ÉTUDE

Démontrer que la Conversion, étroitement légale, est injuste, impolitique, impopulaire, contraire aux intérêts généraux de la France, et qu'en conséquence le Gouvernement doit y renoncer.

EXPOSÉ

Personne ne prend la défense du *cinq pour cent* menacé de réduction obligatoire : les porteurs de rente baissent la tête et se contentent de faire des vœux platoniques pour son ajournement; la spéculation dirigeante pousse avec ardeur vers la réalisation de cette grave opération financière, parce qu'elle y trouve profit dans le présent et certitude de bénéfice dans l'avenir; toute la presse financière, M. Isaac Pereire en tête, fait cause commune avec la spéculation. D'autre part, M. Gambetta, dans son discours de Romans et dans la *République française*, a déclaré que la conversion se ferait probablement un jour, mais que l'heure opportune n'est pas encore arrivée; le Ministre des

Finances, en réponse aux questions obstinément
posées par la minorité de la Chambre des Députés,
a parlé dans le même sens que M. Gambetta;
M. Émile de Girardin, dans la *France,* a tenu le
même langage. Les porteurs de 5 pour cent qui se
croyaient perdus, ont repris courage, mais pas un
d'eux n'a élevé la voix pour démontrer l'injustice
de la mesure et pour en demander l'abandon
définitif.

Il semblerait donc que le remboursement au pair
sous peine de conversion ou, pour parler plus jus-
tement, de réduction obligatoire, qui est une opération légale d'ailleurs, nous le reconnaissons, est
en même temps si loyale et si équitable, que les
victimes n'ont qu'à s'incliner et à se laisser exécuter.
A voir la résignation des uns, la conviction et l'as-
surance des autres, on serait tenté de croire qu'aucune des conditions du contrat qui lie l'État et les
porteurs n'est discutable, pas même l'époque du
remboursement de la somme prêtée, pas même le
taux et la valeur de l'argent au moment du remboursement.

Le raisonnement des partisans de la conversion
est, du reste, fort simple et très concluant, a *priori*;
il a pour lui les apparences, mais seulement les
apparences d'une logique serrée, et il semble à
l'abri de toute objection sérieuse. On dit, en effet,
aux porteurs de 5 pour cent: L'État, en emprun-
tant des milliards pour la libération du territoire
et le paiement des frais de la guerre, s'est réservé

le droit d'opérer le remboursement de cette somme à une époque quelconque ; il est seul juge de l'opportunité du moment; la loi relative aux emprunts nationaux le stipule expressément. Or, personne n'est censé ignorer la loi, par conséquent, les souscripteurs ne sont pas fondés à se plaindre ; ils le seraient d'autant moins qu'on leur remboursera 100 fr. pour 83 fr. de capital versé et qu'ils touchent 5 fr. par an depuis plusieurs années pour cette même somme de 83 fr. qui est le prix moyen d'émission des emprunts de 2 milliards en 71 et 3 milliards 1/2 en 72. Pour ne pas se montrer satisfait d'une pareille situation, ajoute-t-on, il faudrait être insatiable ou mauvais citoyen.

A défaut d'une voix compétente et autorisée qui réduise à néant ces arguments et qui prenne la défense des porteurs de rente 5 pour cent, nous allons essayer de démontrer sommairement que la conversion est une opération nuisible aux intérêts généraux de la France, antiéconomique et aussi injuste qu'elle sera impopulaire.

Notre but sera atteint si nous prouvons d'une manière irréfutable :

1° Que les souscripteurs originels, loin de s'être enrichis aux dépens de la nation, loin d'être dans une situation exceptionnelle et privilégiée qui autorise le Gouvernement à leur faire rendre gorge, ont fait, au contraire, une opération moins avantageuse qu'en achetant au même moment du 3 pour cent, ou du 4 1/2, ou des obligations de chemins de fer, etc.;

2° Que la date du remboursement n'étant pas fixée d'avance, un emprunteur quelconque, l'État moins que tout autre, ne peut pas, en conscience et en équité, offrir à ses créanciers 100 fr. qui ne rapportent que 4 fr., quand il leur a emprunté 83 fr. rapportant 5 fr. par an ;

3° Que le remboursement au pair présenté comme une plus-value d'avenir était une fiction et un trompe-l'œil, puisqu'une valeur cotée 116 fr. aujourd'hui pourrait être remboursée à 100 fr. demain ;

4° Que le remboursement en titres de rentes 3 pour cent amortissable, d'après les projets prêtés à M. Léon Say, ou en 3 pour cent ordinaire, suivant les conseils de M. Isaac Péreire, est une fiction et un mirage trompeur, par la raison que, dans un cas comme dans l'autre, le rentier se trouve bel et bien dépouillé de 10 pour cent de son revenu;

5° Que le bon marché de l'argent, provoqué et maintenu en vue de la conversion dans le moment le plus mal choisi, après une série de mauvaises récoltes, d'inondations et de fléaux, au milieu d'une crise industrielle intense et d'une stagnation forcée des affaires, est nuisible aux intérêts de la France, attendu que les valeurs de spéculation et les finances des nations étrangères profitent seules de la vente du 5 pour cent menacé, tandis que le travail national (il n'est trop facile de le constater) n'en retire aucun avantage.

DÉMONSTRATION

Au moment où le Gouvernement fit à la nation un appel de fonds d'une importance colossale jusqu'alors inconnue dans le monde entier, l'argent disponible avait le choix des placements sûrs à un taux avantageux : toutes les valeurs étaient tombées à des cours très-bas, et l'effondrement de la Bourse traduisait fidèlement alors l'effondrement de la patrie vaincue et mutilée. La Rente française rapportait 6 pour cent, et toutes les bonnes valeurs étaient à l'unisson. Le 19 juillet 1872, par exemple, veille de la promulgation de la loi relative à l'emprunt de 3 milliards 1/2, le 3 pour cent, qui vaut aujourd'hui (2 juillet 1879) 82 fr., était coté 54 fr.

Le 4 1/2, qui vaut 112 fr., était coté 76 fr.

Le 5, qui vaut 116 fr., était coté 84 fr.

Eh bien! la seule comparaison de ces chiffres met en évidence le fait suivant, d'importance capitale, que nous recommandons à la méditation de nos législateurs et à l'équitable examen des partisans de la conversion : *Les souscripteurs des emprunts nationaux perdent aujourd'hui 14 pour cent et 9 pour cent comparativement à un placement fait à la même époque en rente 3 pour cent et en rente 4 et demi pour cent.* — En effet, en liquidant aujourd'hui un capital de 100 fr. placé le 19. juillet 1872 (pour prendre la date précitée) en 3 pour cent, en 4 et demi et en 5 pour cent, on obtiendrait, comme le prouve le calcul ci-dessous, 14 fr. de plus avec le 3 pour cent qu'avec le 5, et 9 fr. de plus avec le 4 et demi qu'avec le 5.

100 fr. de 3 0/0 achetés 54 fr. et vendus 82 donnent 152 fr. $\left(100 \times \frac{82}{54} = 152\right)$

100 fr. 4 1/2 id. 76 id. 112 id. 147 fr. $\left(100 \times \frac{112}{76} = 147\right)$

100 fr. 5 0/0 id. 84 id. 116 id. 138 fr. $\left(100 \times \frac{116}{84} = 138\right)$

$$\text{Différences.} \ . \ . \ . \ . \ \text{14 fr.} \quad (\text{A})$$
$$\text{et.} \ . \ . \ . \ . \ \text{9 fr.}$$

On peut mettre ces calculs sous cette autre forme pour en contrôler l'exactitude :

3 fr. de rente pour 54 fr., correspondent à 5 fr. 55 pour un capital de 100 fr.

$$\frac{3}{54} = \frac{x}{100} \text{ d'où } x = \frac{300}{54} = 5,55$$

4 fr. 50 de rente pour 76 fr., correspondent à 5 fr. 92 pour un capital de 100 fr.

$$\frac{4\,50}{76} = \frac{x}{100} \text{ d'où } x = \frac{4\,50}{76} = 5,92$$

5 fr. de rente pour 84 fr., correspondent à 5 fr. 95 pour un capital de 100 fr.

$$\frac{5}{84} = \frac{x}{100} \text{ d'où } x = \frac{500}{84} = 5,95$$

En revendant ces 5 fr. 55, 5 fr. 92 et 5 fr. 95 aux cours actuels de 82, 112 et 116 fr., on obtiendrait :

$$152 \text{ fr. avec le 3 0/0} \left(\frac{82}{3} = \frac{x}{5\,55} \text{ d'où } x = \frac{455}{3} = 152\right)$$

$$147 \text{ fr. avec le 4 1/2} \left(\frac{112}{45} = \frac{x}{5\,92} \text{ d'où } x = \frac{663}{45} = 147\right)$$

$$138 \text{ fr. avec le 5 0/0} \left(\frac{116}{5} = \frac{x}{5\,95} \text{ d'où } x = \frac{690}{5} = 138\right)$$

Les souscripteurs auraient même trouvé bénéfice à prendre des obligations de chemins de fer garanties par l'État de préférence à l'emprunt : ainsi les obligations d'Orléans, par exemple, achetées 276 fr.

(A) Aux cours de 83,80 — 113,00 — 118,75 atteints le 13 octobre 1879, les différences sont encore de 9 et 14 fr. en chiffres ronds et en faisant entrer les échéances des coupons en ligne de compte. A la suite du procès Humbert, et sur l'annonce que le Gouvernement déclarerait, à la rentrée des Chambres en décembre, qu'il renonce à faire la conversion en 1879, une baisse de 2 fr. s'est produite sur les rentes françaises.

en 1872, revendues aujourd'hui (2 juillet 1879) au cours de 394 fr., donnent 143 fr. pour 100 fr. de capital primitif ($100 \times \frac{394}{276} = 143$ fr.), soit 5 fr. de plus qu'avec l'emprunt, sans parler de l'absence de toute menace de conversion, ni de la prime de remboursement à 500 fr., ni de la suppression possible de l'impôt de 3 pour cent sur les coupons.

Ainsi donc les souscripteurs des emprunts nationaux ne se sont pas enrichis, comme on voudrait le faire croire; non-seulement leur revenu n'a pas augmenté d'un centime, mais leur capital, réalisé en ce moment, serait de 10 à 15 pour cent moindre que s'ils avaient mis leur argent en 3 pour cent, en 4 1/2, en obligations de Chemins de fer, etc. Dire que les porteurs de 5 pour cent méritent de rendre gorge est donc aussi injuste que de prétendre que la conversion ne lèse pas leurs intérêts; autant dire que ceux qui ont acheté depuis 100 fr. jusqu'à 117 ne seront pas lésés par le remboursement à 100 fr.

Comment! nous avons prêté notre argent à l'État dans un moment où il lui en fallait des monceaux; nous avons fait ce prêt au taux légal de la Rente française et des autres bonnes valeurs de placement à cette époque, au taux que le Gouvernement avait fixé lui-même; en souscrivant patriotiquement à cet emprunt, nous sommes déjà en perte relative de 10 à 15 pour cent, et l'on voudrait nous frapper aujourd'hui d'une réduction de 10 pour cent sous prétexte que nous ne sommes pas lésés! Mais, en vérité, faut-il donc, pour que nous soyons lésés, qu'on nous prenne 20, 30, 50 pour cent, faut-il qu'on nous dépouille complètement ?

Est-il venu à la pensée de qui que ce soit de faire restituer 10 pour cent à l'État par les industriels ou les commerçants qui ont vendu pendant la guerre des canons, des fusils, des chevaux, des fourniments, etc., à un prix supérieur d'autant à celui de ces mêmes fournitures, aujourd'hui, où nous sommes en pleine paix ? Non, une telle pensée ne pouvait venir à l'esprit de personne.

Eh bien ! l'argent est une marchandise soumise aux mêmes dépréciations et aux mêmes plus-values que les denrées, les bestiaux, les fusils, etc. L'État, M. Léon Say ne l'ignore pas, l'État n'aurait pas trouvé à acheter un seul cheval, de gré à gré, pendant la guerre, ni un seul canon, s'il n'y avait pas mis le prix ; de même il n'aurait pas trouvé la somme énorme dont il avait besoin s'il n'avait offert aux souscripteurs des conditions exceptionnelles.

Parmi ces conditions, l'échelonnement des versements était particulièrement favorable aux souscripteurs ; il leur procurait l'avantage de placer une somme beaucoup plus considérable que celle dont ils disposaient au moment. En revanche, cette ingénieuse combinaison permettait à M. Thiers de fractionner le paiement de notre rançon et de faire sortir de France 5 à 6 milliards d'argent sans provoquer une crise monétaire trop aiguë, tout en attirant un nombre plus considérable de souscriptions. Le *remboursement au pair* apparaissait lui-même pour nous autres gens simples (et nous sommes l'immense majorité) comme une attrayante perspective de plus-value analogue à celle du remboursement des obligations de Chemins de fer. Mais qui oserait affirmer que l'emprunt eût le même succès ou que même il n'aurait pas échoué si le Gouvernement avait déclaré loyalement que le remboursement au pair se traduirait, pour ceux qui conserveraient leurs titres de rente, par un prélèvement de 10 pour cent sur le capital ou par une réduction de 10 pour cent sur le revenu ? Or, en matière de déclarations loyales, l'État est tenu à l'honnêteté comme un simple particulier ; il n'a pas le droit de faire des dupes.

Dira-t-on que des conversions ont été opérées sous Charles X, avec le ministre de Villèle ; sous Napoléon III, en 1852, avec M. Bineau ; dix ans plus tard, avec M. Fould ? que l'Angleterre, ce pays riche par excellence, songe même à convertir son 3 pour cent, qui atteint aujourd'hui 100 fr. ? D'accord. Cela prouve seulement que le fait a été accompli déjà ; cela ne démontre pas la légitimité ni l'équité de la mesure.

L'exemple de nos voisins d'outre-Manche n'est pas concluant : l'Angleterre, à la vérité, est le pays de la grande richesse domaniale et industrielle, mais elle est aussi le pays des immenses misères ; la fortune moyenne par individu y est peut-être plus élevée qu'en France, avec cette différence capitale que les écarts y sont infiniment plus grands.

Remarquons que la conversion est tout autre chose qu'un impôt ordinaire, du genre de ceux que nous payons sous mille formes depuis la guerre. L'impôt sur la matière première ou sur le produit fabriqué, sur les denrées, les patentes, etc., se répartit entre le producteur, le commerçant, l'intermédiaire et les consommateurs : un impôt reste un impôt, c'est-à-dire une dîme susceptible d'être atténuée, diminuée, parfois même supprimée ; d'autre part, l'impôt sur le revenu est facile à supporter, il ne déprécie le capital que faiblement et momentanément, tandis que la soulte ou la réduction obligatoire constituent un prélèvement direct sur le capital qui pèse de son poids écrasant sur les seuls possesseurs de 5 pour cent.

Un autre argument en faveur de la conversion consiste à dire aux intéressés : Pourquoi ne pas vendre votre 5 pour cent au cours actuel de 116 fr.? Pourquoi vous lamenter et vous poser en victimes au lieu de profiter du taux extraordinairement élevé de cette rente pour la vendre, en réalisant un bénéfice considérable par rapport au prix d'émission? vous placerez ensuite cet argent sur d'excellentes valeurs susceptibles elles-mêmes d'offrir dans l'avenir une plus-value anologue. L'argument n'est pas sérieux, il n'est que spécieux et fallacieux ; c'est celui de ces endoctrineurs qui font jouer d'innocentes gens à la Bourse en leur promettant un intérêt de 10 à 15 pour cent, et en disant : Notre

manière d'opérer est aussi simple qu'infaillible :
nous achetons une bonne valeur bon marché, nous
la revendons cher ; après celle-là une autre, et ainsi
de suite ; pauvres victimes ! Incontestablement, les
personnes habituées aux maniements de fonds, ini-
tiées aux mystères de la spéculation et aux affaires
de Bourse et de Coulisse, ont su déjà tirer leur
épingle du jeu et sortir de la difficulté qui en
inquiète tant d'autres ; mais les masses profondes
de porteurs de rente 5 pour cent qui travaillent, qui
économisent sou à sou, qui ont une sainte frayeur
de toute valeur non garantie par l'État et de tout
ce qui ressemble à de la spéculation, placent leurs
économies en rentes du Grand-Livre, parce que ce
mode de placement est le plus sûr de tous et le
plus commode ; leur modeste portefeuille ne con-
tient pas autre chose. Cette foule intéressante et
innombrable de travailleurs prudents et économes
ne connaît pas le sens du mot *spéculation*, et, dans
cette heureuse ignorance, elle ne sait que compter
sur le bon vouloir du Gouvernement. Si elle pouvait d'ailleurs approfondir sa situation, elle verrait
tout de suite l'impossibilité d'échapper à une perte
de 10 pour cent, puisqu'elle est condamnée à subir
une des solutions suivantes également préjudicia-
bles à ses intérêts :

Ou vendre le 5 pour cent pour racheter du 3,
du 4 1/2, de l'amortissable à un prix plus élevé de
10 pour cent environ ;

Ou perdre davantage encore en acceptant le

remboursement à 100 fr. de ce qui vaut 116 fr.

Ou payer une soulte de 10 fr. par 100 fr. pour conserver le même revenu ;

Ou échanger des titres 5 pour cent contre des titres de 3 pour cent ordinaire ou de 3 pour cent amortissable, sans perte apparente de capital, mais avec l'inévitable sacrifice de 10 pour cent sur le revenu (1) ;

Ou enfin vendre pour acheter soit de bonnes valeurs à un taux aussi exagéré au moins que la rente, soit des valeurs douteuses et inconnues à un prix toujours trop élévé.

Qui vous empêche, dira-t-on, de demander un conseil sage et éclairé sur la manière de placer

(1) Il est impossible de traiter la question de la conversion sans citer l'opinion de M. Isaac Péreire, l'éminent financier, créateur avec son frère Emile, de l'industrie des chemins de fer en France et des institutions de crédit. M. Isaac Péreire a développé ses idées sur ce sujet dans la *Liberté* et réuni ses articles dans un volume intitulé : *La Conversion et l'Amortissement.* Il critique énergiquement la création du 3 0/0 amortissable et propose de réaliser la conversion de la manière suivante : « Echange de rente 5 0/0 au pair contre du 3 0/0 sur le pied de 4 1/2 ; « ceux des rentiers qui ne voudraient pas consentir à cet échange devraient être « remboursés au pair ; les autres retrouveraient par l'augmentation de leur capital « l'équivalent de la *réduction de revenu de 1/2 pour cent* et même l'espérance « d'un gros-bénéfice. » (Pages 29 et 31)

S'il s'agissait d'une *réduction de revenu de 1/2 pour cent* seulement, c'est-à-dire de 1 p. 200, nous nous empresserions d'accepter la conversion et d'approuver le projet de M Péreire, heureux d'être débarrassés, au moyen de ce léger sacrifice, d'une grosse préoccupation et d'une menace inquiétante. Mais 1/2 *pour cent* est un *lapsus* évidemment, c'est 1/2 *pour cinq* qu'il faut comprendre, c'est-à-dire 10 p. 100.

La combinaison de M. Péreire, comme les autres, dépouille donc le rentier de 1/10 de son revenu ; elle est ingénieuse et savante au point de vue du financier et du spéculateur pour lesquels le revenu n'entre pas en ligne de compte pour ainsi dire, mais les 9.10 des rentiers qui ne déplacent jamais leurs fonds ne profiteraient pas d'une augmentation de capital, momentanée d'ailleurs et ne reposant sur aucune garantie.

l'argent à provenir de la vente du 5 pour cent?
Volontiers, mais à qui ?

Pour se faire construire une maison, on a les
conseils d'un architecte ; ceux d'un avocat, d'un
médecin en cas de procès ou de maladie; ceux d'un
ami dans les circonstances difficiles ou délicates de
la vie; mais pour placer sûrement et fructueuse-
ment ses économies, on ne peut demander conseil
à personne. — Je me trompe, il y a le *Journal
financier.*—De fait, ces journaux ne sont pas rares;
ils éclosent nombreux comme les touffes d'ivraie
dans la bonne terre, dangereux pour les masses,
profitables seulement à un petit nombre d'habiles.
Ces journaux pénètrent partout en raison de leur
prix qui, de 10 fr., est descendu à 5, à 3, à 2, et
même à 1 fr.; ils n'osent pas encore s'offrir gratui-
tement, mais déjà certains numéros sont distribués
à profusion jusque dans les villages. A force de ré-
péter que leurs conseils sont désintéressés, que les
obligations coûtent cher, que la Rente est hors de
prix, que les valeurs étrangères ne sont pas sûres,
que ce que l'on gagne en écus on le perd en sécurité, ils captivent la confiance des lecteurs ; puis un
jour ils recommandent une entreprise quelconque,
ils conseillent de prendre part à une émission
exceptionnelle, et leur but est atteint.

Le cours élevé des rentes, qui entraîne celui de
toutes les valeurs, a le privilége (et non sans cause)
de faire éclore ces feuilles financières; aussi plus la
cote est élevée, plus l'épargne sort de France, où il

reste tant d'excellentes choses à créer ou à améliorer; plus elle s'extravase sur ces entreprises majorées et écrémées, parfois ruinées d'avance et quelquefois véreuses. Qui comptera les capitaux immenses qui sont allé s'engloutir à l'étranger? Qui fera l'historique des innombrables désastres de ces tristes affaires lancées par des écrémeurs? Nous ne sommes pas chauvin au point de vouloir que l'argent français ne sorte pas des limites de notre territoire; nous sommes d'avis, au contraire, qu'il n'a pas de nationalité et qu'il doit circuler, d'un État à un autre, aussi librement que d'une ville à une autre, mais à la condition que la probité devienne une loi d'État comme elle est une loi de conscience et d'honneur.

N'y a-t-il pas lieu vraiment de s'étonner et de s'inquiéter en voyant la cote monter, monter toujours, monter sans cesse, comme sous l'influence irrésistible d'une prospérité toujours croissante et persistante? Le taux vertigineusement élevé des rentes est-il donc l'indice d'un débordement naturel de l'épargne et de la fortune publique? La dernière récolte a-t-elle été moins mauvaise que la précédente? Les exportations dépassent-elles les importations de manière à introduire en France des milliards de numéraire? Non. Le phylloxera a-t-il abandonné nos contrées vinicoles? La métallurgie, le tissage, la filature, l'agriculture ont-elles cessé de souffrir? Non. Est-ce que la chute de Thiers justifiait une hausse? La guerre russo-turque, la grande querelle anglo-russe, l'occupation de Chypre, etc., sont-ce là des motifs logiques de hausse? Non.

Or, pour que ce qui est invraisemblable soit devenu vrai, pour que l'absurde soit devenu logique, pour que les oscillations de la Bourse ne correspondent plus aux événements heureux et malheureux de la patrie, pour qu'il n'y ait plus aucune relation entre ses fluctuations et l'état général de la politique et des affaires, il faut nécessairement que le baromètre de la fortune publique, qu'on appelle la Bourse, soit détraqué ou qu'une main invisible en altère les indications.

Et d'abord quels sont la valeur et le sens des indications de ce baromètre? Les avis sont partagés sur cette question au point d'être absolument contradictoires : Les uns disent que l'élévation de la rente et des valeurs en général est la preuve évidente de l'abondance des capitaux sans emploi et qu'elle correspond par suite à une stagnation des affaires. — D'autres soutiennent exactement le contraire et formulent ainsi leur opinion : le taux de la rente est le vrai critérium de la richesse publique; il donne la vraie mesure des ressources financières d'un État.

La question est complexe assurément. — Il est certain pour nous que l'industrie, le commerce et l'agriculture bénéficient de l'élévation de la cote, parce que les capitaux sont alors plus disposés à aller chercher un intérêt rémunérateur dans les

2

placements de ce genre. Mais il est en même temps indéniable que la Bourse n'est plus (si jamais elle l'a été), le baromètre de la fortune publique ; la Bourse est restée nerveuse, impressionnable, facile à effaroucher, prompte à s'enthousiasmer ; mais en vieillissant, elle est devenue maîtresse de ses nerfs, et ses émotions sont habilement calculées. La cuvette de ce baromètre (pour continuer la comparaison dans le langage des physiciens), a dans la coulisse une prolonge en caoutchouc que l'on ne voit pas et qu'une main invisible presse et dégonfle à sa guise. — Le public, en voyant le baromètre monter, croit naïvement que le temps est au beau fixe et que tout va bien. Les mauvaises récoltes, les inondations, le phylloxera, la guerre en Europe, les crises industrielles ou politiques n'influen·cent plus ce baromètre d'un nouveau genre : la fortune publique est désormais à l'abri de ces contre-coups mesquins ; la main invisible qui tient la ficelle dans la coulisse veille sur la fortune de la France et la protége !

Cette main invisible, c'est celle de la *spéculation*, mot d'acception nouvelle qui représente une vieille et mauvaise chose, le jeu, ce stimulant irrésistible de la paresse qui est au travail ce que les sophismes sont à la vérité, ce que l'ombre est à la lumière. Le but du joueur n'est-il pas d'arriver au gain sans travail, à la fortune sans labeur, à la puissance sans efforts ; de lutter sans fatigues et d'obtenir la récompense sans l'avoir méritée, l'honneur sans en être digne ? Heureux ceux qui ne spéculent pas ! Leurs idées restent justes, leurs visées honnêtes, sérieuses et pratiques ; ils travaillent, ils économisent et leur cerveau n'est pas hanté de ces folles espérances que le spéculateur entretient et caresse et qui font perdre l'habitude et le goût du travail. Malheureusement on prend de plus en plus l'habitude d'associer la spéculation au travail industriel, au négoce, et tout est devenu matière à spéculation. Malheureusement aussi, le gout de l'épargne s'en va au fur et à mesure que le taux de l'argent diminue et que l'économie devient moins utile et moins profitable ; quand la rente ne rapporte pas même 4 pour cent, comme maintenant, on joue et l'on spécule sous prétexte de faire fructifier intelligemment des capitaux relativement inertes.

C'est pour mettre les travailleurs à l'abri des tentations dangereuses de la spéculation que nous voudrions voir la rente revenir à un taux raisonnable et rémunératenr, à celui de 5 pour cent par exemple qui est honnête, convenable et suffisamment encourageant.

C'est dans ce but que nous convions tous les porteurs de rente 5 pour cent à se syndiquer pour rendre impossibles la conversion et le remboursement.

CONCLUSION

En résumé, on joue sur les mots aux dépens des porteurs de 5 pour cent. Sous prétexte que leur capital s'est notablement accru, on crie par dessus les toits qu'il est juste de leur faire rendre gorge; on feint de croire qu'ils sont dans une situation exceptionnelle et privilégiée; on se garde bien de dire que leur revenu n'a pas augmenté d'un centime et qu'ils ont placé leur argent exactement au même taux de 6 pour cent que les valeurs similaires offraient à cette époque. Le calcul qui précède démontre même d'une manière péremptoire que les souscripteurs originels sont déjà constitués en perte relative de 10 à 15 pour cent par leur souscription patriotique, comparativement à des placements qu'ils eussent pu faire au même moment en rente 4 1/2, 3 pour cent ou en obligations de Chemins de fer, etc. Quant aux porteurs, qui ont acheté depuis 101 fr. jusqu'à 117 fr., personne ne contestera qu'il serait dur de les rembourser à 100 fr.

Nous ne discutons pas le droit du Gouvernement d'opérer le remboursement, mais nous soutenons et nous prouvons que c'est un droit léonin dont il n'est pas équitable d'user : l'État, en effet, n'a pas prévenu les emprunteurs que le remboursement au pair serait non pas une bonification, mais au contraire un prélèvement de 10 pour cent sur le capital ou une réduction de 10 pour cent sur le revenu. D'autre part, la date du remboursement n'étant pas fixée, l'État, emprunteur à une époque où les prêteurs plaçaient leur argent à 6 pour cent, ne peut pas et ne doit pas, en toute équité, choisir pour rembourser le moment où l'argent ne trouve plus à se placer qu'à 4 pour cent avec sécurité, surtout quand l'élévation du prix des valeurs est provoquée et maintenue par la spéculation, bien plus que par un débordement naturel de la richesse publique.

Le Gouvernement fera donc œuvre de justice, de sagesse et de patriotisme en renonçant officiellement et définitivement à la conversion ; il se rappellera que les porteurs de rente ne sont pas des rentiers comme autrefois et que l'emprunt est classé dans une foule de petits portefeuilles dont il constitue parfois l'unique richesse et le suprême encouragement à la stabilité et à l'économie. L'État n'oubliera pas qu'il serait injuste de rançonner de 10 pour cent ceux qui lui ont apporté leur argent pour la libération du territoire, qui le lui ont prêté au taux qu'il a lui-même fixé, au taux des valeurs similaires à cette époque.

S'il est utile pour la prospérité générale du pays que l'argent soit bon marché, il est non moins utile d'encourager l'épargne, cette vertu des peuples, de la provoquer au besoin pour un intérêt rémunérateur et suffisamment encourageant ; nous sommes une nation laborieuse, économe, industrieuse et sage, il ne faut pas faire de nous des joueurs et des agioteurs ; l'homme qui travaille, qui produit et qui économise est plus intéressant que le spéculateur ; dans la ruche humaine, le premier est l'abeille, et l'autre le frelon ; l'un a droit à des égards et même à des préférences que ne méritent pas l'agioteur et le spéculateur parasites.

Le Gouvernement saura résister aux exhortations de ceux qui réclament la conversion, parce qu'ils la savent impopulaire ; il pèsera les inconvénients et les dangers d'une situation financière absolument anormale ; il appréciera les conséquences d'une hausse factice que rien ne justifie, qui déconcerte et décourage toutes les bonnes volontés, détourne de l'économie, donne une idée absolument fausse de la fortune publique et ne se maintient que par la perspective de la conversion et pour favoriser certaines émissions.

Caen, 2 juillet 1879.

APPENDICE

Depuis cette date du 2 juillet 79, des faits importants, que nous allons examiner attentivement, se sont produits ; ces faits confirment et corroborent notre raisonnement et nos conclusions.

LA CONVERSION ET LE TRÉSOR.

A ceux qui justifient la conversion en disant que l'État a le droit de profiter des conditions spécialement avantageuses d'une situation financière sur laquelle il n'exerce aucune influence , qu'il est spectateur impassible et désintéressé des affaires de Bourse, je donne à méditer cette phrase extraite des journaux de la première semaine du mois d'octobre 1879.

« Le Trésor (l'État), qui mettait d'ordinaire « 40 millions à la disposition de la place (banquiers, « boursiers) pour les reports (spéculation), s'est « abstenu cette fois. »

Se chargeraient-ils d'expliquer en outre pourquoi la rente française, par exception à la loi générale de l'offre et de la demande, ne cesse de monter, quand il est avéré (les statistiques du ministère des finances en feraient foi) qu'*on en vend au comptant plus qu'on en achète depuis quinze mois ?*

Pourraient-ils dire aussi ce que l'État fait des

centaines de millions qu'apportent au Trésor les vendeurs plus nombreux que les acheteurs? S'il spécule avec cet argent-là ou si la perte sur ces rentrées de fonds, inutilisables peut-être sans le concours des Chambres, ne diminuera pas notablement la plus-value attendue de la conversion?

LA CONVERSION, L'ÉQUILIBRE DU BUDGET
ET L'ÉPARGNE NATIONALE.

Le devoir d'un ministre des finances, d'une commission des finances, celui des députés et des sénateurs, est de présenter au pays un budget en équilibre et de dégrever progressivement.

Au Gouvernement incombent des devoirs beaucoup plus étendus : il doit, à notre avis, voir au delà du budget de l'État et se préoccuper de l'effet produit par ses mesures fiscales ou autres sur l'ensemble des budgets individuels de la population.

Un maire, qui en renouvelant le traité de l'éclairage stipule, pour équilibrer le budget municipal ou pour en réduire les charges, des conditions très-avantageuses pour l'éclairage public, sans se préoccuper suffisamment de l'éclairage des particuliers, commet une faute et fait plus de mal que de bien à ses administrés.

De même le Gouvernement qui n'a que le budget pour objectif voit les choses à un point de vue restreint qui peut devenir préjudiciable au pays.

Son devoir consiste à se préoccuper aussi du placement convenable et lucratif de *l'épargne de la nation, qui est en temps normal la résultante du travail de tous et de chacun.*

Or, en continuant à favoriser la hausse immodérée des valeurs, dans un temps de stagnation de l'industrie, de malaise de l'agriculture et de récoltes insuffisantes, par la menace de la conversion, par les encouragements de toute nature donnés à la spéculation et à l'agiotage, l'État, que je voudrais, par sympathie et par patriotisme, ne voir porter à son actif que d'excellentes mesures, fait au pays un mal immense : *Il déprécie le travail même.* En effet, quel est le but du travail ? De pourvoir aux exigences du présent, sans doute, mais aussi d'assurer l'avenir. L'épargne, l'épargne seule réserve au père et à la mère une vieillesse indépendante, honorable, et leur permet de préparer l'avenir des enfants. C'est par des privations continuelles et raisonnées que le père et la mère réussissent à former cette épargne qui offre plus d'un rapport avec le pécule libérateur de l'esclave antique, et l'on sait avec quelle facilité le cœur des parents transforme ces privations en jouissances réelles, et combien est féconde la vertu domestique de l'économie.

Mais ce n'est pas dans un sac caché au fond d'une armoire que doivent s'accumuler les économies du père de famille ; c'est dans le milieu fructifiant de la caisse d'épargne, de la Rente, des bonnes valeurs industrielles et commerciales.

Or, en faisant tomber, en *laissant* tomber, si mieux on aime, l'intérêt des placements sûrs à 4, à 3 pour cent, c'est-à-dire de 1/5 et 2/5, on *déprécie le travail* en général de 1/5, de 2/5, c'est-à-dire de 20 à 40 pour cent.

Cette réduction considérable du bénéfice d'avenir tiré du travail est calamiteuse pour d'innombrables employés, commerçants, petits rentiers, ouvriers, fonctionnaires. Tous, ils recherchent la rente de préférence aux valeurs de banques, de crédits, de foncières, etc., qui tiennent la corde et rapportent seules de l'argent en ce moment. L'heure de l'indépendance et du repos honorable et bien mérité ne sonnera jamais plus pour eux si 1,000 fr. ne rapportent plus que 30 ou 35 fr. au lieu de 45 ou 50. Pour tout le monde en général, la dot des enfants et le patrimoine des parents seront réduits de 20 et 40 pour cent; les difficultés et les labeurs de l'existence, déjà si rudes, seront encore augmentés.

Le Gouvernement commet une autre faute grave en encourageant l'émission des valeurs à lots. Le patronage qu'il accorde au *Crédit foncier*, dont le gouverneur et les sous-gouverneurs sont des députés, nommés par lui, est un véritable non-sens, *puisque la loi prohibe encore et à juste titre les loteries et les jeux de hasard.*

Si encore ces valeurs offraient aux porteurs des chances de gain proportionnées à la réduction considérable d'intérêt du titre ! Il n'en est pas ainsi : les 900 millions du dernier emprunt du *Crédit foncier* rapportent 2,75 pour cent, déduction faite de l'impôt, et voici les chances dérisoires de gain de l'une des obligations de 500 fr. dans chacune des six loteries annuelles :

1 chance sur 900,000 de gagner 99,500 fr., ou 1   id.   18,000 de gagner un lot d'une valeur moyenne de 3,100 fr. (1).

Une obligation, participant *pendant un siècle* à tous les tirages, aura eu en tout 1,200 chances sur 90,000, c'est-à-dire 1 sur 750, de gagner 99,500 fr., ou encore 1 sur 375 en deux cents ans !

Il n'est pas sage, il n'est pas bon de faire naître dans une grande partie du public des rêves de fortune basés sur des miracles du hasard. Au lieu de le tenter par ces mirages trompeurs qui lui font compter autant sur les caprices du sort que sur ses bras, montrons-lui plutôt le chemin de la *Caisse d'épargne* qui rapporte davantage en ce moment que les obligations de la *Ville de Paris*, du *Crédit foncier* et même que la Rente, et qui devrait toujours rapporter davantage que ces valeurs ; faisons

---

(1) 2 lots de 100,000 fr. = 200,000 fr.
     1   id.   25,000   =   25,000
     2   id.   10,000   =   20,000
     5   id.   5,000   =   25,000
    90   id.   1,000   =   90,000

Total 100 lots d'une valeur totale de 360,000 fr.
Soit en moyenne par lot. . . . . 3,600 fr.
Dont à déduire l'obligation remboursée.   500

                                    Net. . . . . 3,100 fr.

plutôt briller pour lui ces phares éclatants qui illuminent les vraies voies de la vie : le *Travail*
l'*Épargne*.

LA CONVERSION ET LA PRESSE FINANCIÈRE.

La presse financière n'est déjà plus seule à enseigner aux Français le moyen de faire rapidement fortune par la spéculation : tous les journaux ont, chaque jour maintenant, un article financier *inspiré* par une ou plusieurs banques quelconques. Chacun travaille avec une infatigable ardeur, à expliquer, à justifier, à activer la marche ascendante des fonds publics ; aussi la cote s'élève-t-elle avec une continuité que rien ne semble pouvoir enrayer, pas même la dépréciation immodérée de l'argent et dont rien ne permet d'entrevoir l'arrêt, pas même une saine appréciation des choses de la Bourse.

Chaque jour, les journaux répètent que l'abondance des capitaux sans emploi est inouïe, incroyable, que les énormes saignées faites par les émissions à haute pression, à jet continu de ces derniers temps et par l'exportation du numéraire en Amérique et en Russie n'ont pas même fait une brèche dans la réserve monétaire. — *Plus on en prend, plus il en reste.* — Cela ne fait pas l'ombre d'un doute.

S'agit-il d'émissions de valeurs à lots, on vante, on exalte ce genre de placement, on chante les douces émotions des jours qui précèdent le tirage, en passant sous silence l'effet décourageant des

éternelles déceptions du lendemain. — Voici un
échantillon de la prose *inspirée* récemment par le
Crédit foncier et emprunté à un journal immensé-
ment répandu :

« Les petits capitaux sont de la fête. On éventre
« les tirelires. Ce sont surtout les pauvres gens qui
« aiment les valeurs à lots *et cela cc comprend : on*
« *travaille de meilleur cœur quand on a dans son*
« *tiroir un chiffon de papier qui peut devenir une*
« *fortune.* »

M. Isaac Péreire, le grand financier-journaliste,
l'apôtre de la conversion, joue cartes sur table et
nous renseigne utilement sur les aspirations du
monde financier :

« Toute la théorie de la conversion, telle qu'elle
« se réalisera inévitablement, dit-il dans la Revue
« financière de son journal *la Liberté* en date du
« 1ᵉʳ septembre 1879, repose sur la hausse du
« 3 pour cent, seul moyen de favoriser à la fois
« l'État et les porteurs du 5 pour cent. — Si le
« Ministre des finances d'une part et les banquiers
« de l'autre avaient mieux compris cette vérité, il
« y a longtemps que la conversion serait faite, au
« *grand profit* des contribuables et des *hommes de*
« *finance.* Malheureusement, le Ministre a voulu
« mêler au projet de conversion une idée qui lui
« est étrangère : celle de l'amortissement. — *Quant*
« *aux banquiers, ils ne se sont prêtés que molle-*
« *ment à la mesure de la conversion,* et l'ont
« même entravée, parce que le mode proposé en

« 3 pour cent était tellement simple que *la con-*
« *version pouvait se faire sans leur concours,* avec
« la plus grande facilité. »

LA CONVERSION, LE CRÉDIT FONCIER ET LES EMPRUNTS DÉPARTEMENTAUX ET COMMUNAUX.

Le *Crédit foncier* s'est chargé de montrer à
l'État, son patron, comment on enlève une conversion d'un demi milliard et comment on enguir-
lande les victimes. — La date de remboursement
des obligations 500 fr. 5 pour cent (intérêt 25 fr.
par an) ayant été laissée dans le vague, le *Crédit
foncier* en profite pour prévenir ses obligation-
naires qu'il va emprunter pour les rembourser, et
que, par faveur spéciale, il veut bien leur emprunter
à eux-mêmes, au taux de 3 pour cent, l'argent
nécessaire pour leur rembourser à eux-mêmes le
capital dont il leur faisait la rente à 5 pour cent.
C'est le comble de l'ingéniosité en matière d'emprunts.

« La Société désire, disent les annonces, *donner*
« *un témoignage de sa bienveillance aux porteurs*
« *des obligations foncières 500 fr. 5 pour cent,* des-
« tinées à être remboursées dans un court délai, en
« leur facilitant l'échange de leurs titres contre ceux
« de l'emprunt nouveau 500 fr. 3 pour cent. *Un*
« *droit de préférence leur est accordé; ils peuvent*
« *échanger titre contre titre et recevoir, en plus,*

« *une soulte de 10 francs.* (Dix francs ! 500 moins 10 = 490 fr,, taux d'émission.)

Les Départements vont entrer avec enthousiasme dans cette voie si commode, si favorable à l'équilibre des budgets. Déjà, le Conseil général du Calvados, dans sa dernière session, a nommé une Commission chargée de préparer les voies et moyens pour convertir les anciens emprunts.

Après les départements, viendront les villes grandes et petites, les bourgades, les communes.

Ce sera une vraie fête pour les budgets départementaux, municipanx, communaux.

Mais ce sera un deuil pour les innombrables petites bourses qui ont confié leurs économies à l'État, aux départements, aux villes et aux communes, et une calamité pour ces modestes capitaux, fleurs du travail et de l'épargne, qui ne trouveront plus en France de placements sûrs qu'à 3 et demi pour cent, au lieu de 5.

LA CONVERSION A LA CHAMBRE DES DÉPUTÉS.

Dans la séance du 10 juillet 1879, M. Allain-Targé a pris la parole pour inviter le Ministre des finances à réaliser la conversion. Voici la phrase, la seule qu'il ait prononcée à l'appui de l'équité d'une mesure qui enlèverait d'un coup un capital d'environ un milliard à une seule catégorie de citoyens: « *Je pense que la conversion est une chose « très-juste,* je pense qu'elle est le droit de l'État et

« qu'étant le droit de l'État, du moment où elle est
« possible, elle est notre devoir. » Il ajoute en
substance : Tous les intéressés ont été avertis, et
par les soins du Ministre au moment de l'émission,
et par l'exemple de l'ancien 5 pour cent ; il y a eu
précédemment en France trois conversions, dont une
sous Charles X, qui a été *un peu manquée*, et deux
sous Napoléon III, dont la dernière n'a été *ni très
bonne, ni très heureuse, ni très bien faite.* (Ce qui
n'est pas précisément un bon argument.) Le Gouvernement de Louis-Philippe, en refusant de convertir, malgré l'insistance de l'opposition libérale,
s'est fait du tort aux yeux de la démocratie. L'Amérique a converti son 6 en 5, puis en 4 et demi et en
4. (Nous rendons des points aux Américains puisque le *Crédit foncier*, sous l'égide de l'État, conver-
tit d'emblée ses *Obligations* (!) 5 pour cent en 3 et
nourrit peut-être le secret espoir de convertir pro-
chainement le 3 en 2, le 2 en 1 et le 1 en zéro, sauf
à faire un petit tirage de lots tous les matins).
M. Allain-Targé, après avoir parlé en passant des
« hésitations du monde financier » dont le journal
de M. Péreire nous a indiqué les causes, et dit qu'on
a peut-être laissé échapper le moment le plus favorable, demande au Ministre de procéder à la conversion d'une manière simple qui rende justice aux
contribuables en ménageant les intérêts des porteurs de rentes.

Quand un orateur et un dialecticien de la force
de M. Allain-Targé, dans un long discours très

étudié, très nourri, ne trouve pour justifier l'équité de la conversion que cette phrase dubitative : « *Je pense que la conversion est une chose très juste* » on est fondé à penser et à dire avec nous, qui le prouvons de reste, que cette mesure légale est parfaitement injuste.

L'IMPÔT SUR LA RENTE DE PRÉFÉRENCE
A LA CONVERSION.

Nous ne critiquons pas les projets de conversion et nous n'en faisons pas ressortir les fâcheuses conséquences économiques pour le vain et facile plaisir de critiquer ; nos observations sont celles d'un ami qui, en signalant le danger, s'ingénie à trouver moyen de le conjurer ; notre but est de travailler à la solution de ce grand et beau problème d'économie sociale dont l'État ne se préoccupe pas assez, et les spéculateurs pas du tout : *Assurer le bon marché de l'argent aux entreprises sérieuses de tous genres ayant pour but de maintenir et d'accroître la puissance productive et la richesse du pays, sans laisser descendre l'intérêt à un taux décourageant pour le travail et l'épargne.* Aussi croyons-nous devoir clore la présente étude par un conseil pratique à l'adresse des porteurs de rentes et du Gouvernement.

Aux premiers nous dirons : Syndiquons-nous, résistons à la conversion, démontrons qu'elle est injuste, rendons-la impossible en vendant 1, 2, 3,

4 milliards de 5 pour cent; rachetons-en une partie quand notre influence l'aura ramené à un taux moins déraisonnable, et confions le reste, en attendant des jours meilleurs pour les capitaux de placement, aux États amis, la Russie, l'Autriche, l'Italie, dont les finances sont incontestablement moins bonnes que les nôtres, mais dont la probité, à l'égal de celle de la France, est irréprochable, et dont les rentes augmenteraient nos revenus de 40 et de 50 pour cent, en supposant la conversion réalisée.

Nous dirons aux porteurs de rentes : Faisons mieux encore; demandons à sortir de l'exception et à rentrer dans la règle qui frappe d'un impôt toutes les valeurs; allons au devant de la taxe de 3 pour cent, sollicitons-la, obtenons-la.

Au Gouvernement nous dirons : L'opinion publique ne réclame pas la conversion, en dépit des efforts tentés pour la présenter sous forme de juste représaille; ce que l'opinion comprend et devine aisément, c'est qu'il n'existe plus de motif plausible pour exempter de l'impôt les porteurs de rentes, quand le commerce, l'agriculture, la propriété foncière immobilière et mobilière sont frappés de lourdes taxes et quand toutes les valeurs supportent une retenue de 3 pour cent.

Renoncez donc à la conversion et établissez de préférence sur les rentes un impôt de 3 pour cent qui produira une vingtaine de millions par an, lesquels permettront de dégrever les charges de consommation et les petites patentes.

C'est une solution simple, pratique et rationnelle d'une question irritante, mal posée, inextricable; c'est le moyen de mettre fin à une situation financière anormale, périlleuse pour la nation, de ramener le calme et la logique dans les transactions financières, de dégrever sans mécontenter personne, sans affoler les capitaux, en un mot de donner une juste satisfaction aux contribnables sar.s victimer les créanciers de l'État.

Caen, 30 octobre 1879.

Caen. — Typographie et Stéréotypie PAGNY, rue Froide, 27.

www.ingramcontent.com/pod-product-compliance
Ingram Content Group UK Ltd.
Pitfield, Milton Keynes, MK11 3LW, UK
UKHW021624130726
13696UKWH00005B/2047